Ikonen und Bildtheologie in der Orthodoxie

Marc Schramm

Bibliografische Information der Deutschen Nationalbibliothek:

Die Deutsche Nationalbibliothek verzeichnet diese Publikation in der Deutschen Nationalbibliografie; detaillierte bibliografische Daten sind im Internet über http://dnb.d-nb.de abrufbar.

ISBN: 9783346578921
Dieses Buch ist auch als E-Book erhältlich.

Druck und Bindung: Books on Demand GmbH, Norderstedt Germany
Gedruckt auf säurefreiem Papier aus verantwortungsvollen Quellen

Das vorliegende Werk wurde sorgfältig erarbeitet. Dennoch übernehmen Autoren und Verlag für die Richtigkeit von Angaben, Hinweisen, Links und Ratschlägen sowie eventuelle Druckfehler keine Haftung.

Das Buch bei GRIN: https://www.grin.com/document/1168678

WS 2020/21 Evangelische Spiritualität

Ikonen und Bildtheologie in der Orthodoxie

Inhaltsangabe

1. Einleitung

Die Kultbilder von Jesus, Maria, Heiligen oder biblischen Ereignissen, welche für viele westliche Christen eines der Erkennungsmerkmale der Ostkirche sind, werden bis heute mit dem griechischen Wort bezeichnet. Eine Kirche, welche mit solchen Ikonen geschmückt ist und gar über eine Ikonostase, die Bilderwand, welche in der byzantinischen Tradition Altarraum und Kirchenschiff trennt, ist klar als orthodox zu erkennen. Aber nicht nur in den Kirchen, auch in den Häusern orthodoxer Christen findet man Ikonen, oft aufgehängt in einem sogenannten Schönen Eck. Hier können persönliche Gebete gesprochen oder Gäste und Kinder gesegnet werden. Reisende können eine kleine Reiseikone mit sich führen. In der Volkskultur Ost- und Südosteuropas dienen solche kleinen Ikonen auch als Talismane und Taxi- oder Busfahrer dieser Region befestigen sie gerne vor sich als Abwehr gegen Böses.[1]

2. Geschichte der Ikone

Dass die Ikonenverehrung einen so wichtigen Teil moderner orthodoxer Glaubenspraxis darstellt, ist auffällig, da die Orthodoxie in vielen Bereichen die Traditionen der frühen Kirche streng wahrt, es in dieser aber noch gar keine Ikonen gab. Es galt bislang das mosaische Bilderverbot und Christus wurde symbolhaft mit Kreuz, Lamm oder Fisch repräsentiert. Für eine wachsende, oft nicht des Lesens mächtige Zahl von Gläubigen wurden über die Jahrhunderte zunehmend biblische Szenen in bildlicher Form dargestellt, dass diese auch am Inhalt der Heiligen Schrift teilhaben konnten. Die zunehmende Darstellung einzelner Personen wie Propheten, Apostel, Maria und Jesus führte zum sogenannten Bilderstreit im 8. Und 9. Jahrhundert, in dem die Ikonodulen, die Befürworter der Ikonen mit den Ikonoklasten, den Gegnern dieser um die Darstellbarkeit Jesu Christi im Bilde stritten.[2] Die Ikonoklasten sahen in den Bildern eine unzulässige Ausblendung des göttlichen Christi, welcher nicht dargestellt werden könnte und eine Reduktion seines Wesens auf ein rein menschliches. Die Ikonodulen argumentieren mit den Worten des Johannes von Damaskus: „„Wenn der Körperlose (Gott) um deinetwillen Mensch wird, dann darfst du auch das Abbild seiner menschlichen Gestalt malen. Wenn der Unsichtbare im Fleisch sichtbar wird, dann darfst du ein Abbild des Sichtbargewordenen machen.""[3] Über die Argumente entschied 787 das 2. Konzil von Nizäa

---

[1] Vgl. Groen, B. & Gastgeber, C. (2012). *Die Liturgie der Ostkirche*. Herder. S.74f

[2] Vgl. Oeldemann, J. (2006). *Die Kirchen des christlichen Ostens*. Pustet. S.160f

[3] Oeldemann, J. (2006). *Die Kirchen des christlichen Ostens*. Pustet. S.161

und die Konzilsväter sprachen sich mit der großteiligen Übernahme der theologischen Argumente Johannes von Damaskus für die Ikonenverehrung aus. Hier wurden auch die Rahmenbedingungen und Regeln für Ikonenmaler wie die Forderung nach der weitestgehenden Ähnlichkeit mit dem Urbild und der namentlichen Kennzeichnung der dargestellten Person festgelegt. Bis heute werden die Ikonen geweiht und bei ihrer Erschaffung müssen die Vorgaben eingehalten werden. Der Bilderstreit war aber noch nicht beendet und die Ikonodulen konnten sich erst auf einer Synode in Konstantinopel 843 durchsetzen. Dieser Tag wird bis heute alljährlich als Sonntag der Orthodoxie gefeiert, was noch einmal die bis zum jetzigen Zeitpunkt beständige Bedeutung der Ikonenverehrung bestärkt. Es gibt verschiedene gängige Typen von Ikonen. Christus Ikonen sind häufig in Form des Mandylion, welches Christus Antlitz auf einem stilisierten Tuch in Anlehnung auf die Legende, nach der Jesus sein Angesicht in ein Tuch gedrückt habe, welches aufbewahrt wurde und nun als Vorbild dient (Abb.1), darstellt und die Darstellung als Pantokrator, als Weltenherrscher (Abb.2). Gottesmutter-Ikonen gibt es in vielen Typen, sind gewöhnlich aber keine reinen Marienbilder insofern, dass die Gottesmutter meist mit Jesus dargestellt wird und somit ihre konsequente Hinordnung im Heiligkeitsgeschehen auf Christus hin betont wird. Der Begriff Mutter Gottes ist auch der, welcher sich immer in Worten oder Monogramm auf den Ikonen findet. Heilgenikonen von Kirchenpatronen oder der Kirchenväter der Ostkirche, allen voran die Ikone des Hl. Nikolaus, sind verbreitet. Seltener sind Darstellungen der Trinität. Dreifaltigkeitsikonen kommen in zwei Formen vor. Einerseits der angelomorphen Form der Darstellung des Besuches der drei Engel bei Abraham, was von den frühchristlichen Exegeten als Hinweis auf die Trinität verstanden wird.[4](Abb.3), andererseits in der anthropomorphen Form, in welcher der Vater auf einem Thron sitzt, mit dem Sohn auf dem Schoß, welcher ein Medaillon mit einer Taube als Symbol des Heiligen Geistes hält. Speziell im byzantinischen Ritus findet sich ein besonders reichhaltiger spiritueller Bezug zu den Ikonen. Hier entwickelte sich aus der Abhebung des Altares vom Kirchenschiff durch eine Altarschranke Säulen, welche durch halbhohe Platten verbunden wurden, nach dem Bilderstreit des 9. Jahrhunderts die sogenannte Ikonostase heraus. Diese ist eine Bilderwand, welche zunächst niedrig war, aber über die Jahrhunderte immer höher wuchs, auf der Christus, Maria, die Apostel, die Patronen der Kirche und teilweise auch alttestamentliche Propheten oder Hochfeste des Kirchenjahres dargestellt sind.

---

[4] Vgl. Oeldemann, J. (2006). *Die Kirchen des christlichen Ostens*. Pustet. S.163

3. Theologischer Hintergrund der Ikone

Für ein theologisches Verständnis ist hier die Unterscheidung zwischen der Anbetung und der Verehrung wichtig, Latreia und Proskynesis. Die Anbetung gebührt alleine Gott, die Verehrung ist auch den Bildern gegenüber legitim. Auch hierfür hatte Johannes von Damaskus argumentiert: „„Wenn wir uns niederwerfen, so verehren wir nicht das Holz, sondern den dargestellten Inhalt, wie wir ja auch nicht das Material des Evangelienbuches des Kreuzes verehren, sondern das, was in ihm geschrieben steht oder ihm eingeprägt ist.' Für einen orthodoxen Christen vermittelt eine Ikone die gleiche göttliche Offenbarung wie das biblische Wort: Es ist gleichrangig, ob die Kirche die ihr anvertraute Offenbarung ins Akustische (bei der Verkündigung des Evangeliums) oder ins Optische (in den Ikonen) übersetzt."[5] Das biblische Fundament für die Bedeutung des Bildes finden orthodoxe Theologen in dem Jesuswort aus Joh 14,9: „Wer mich sieht, der sieht den Vater" und in Kol 2,9: „In ihm (Christus) allein wohnt wirklich die ganze Fülle Gottes." Ebenso wie sich Gott in der Menschwerdung des Sohnes abgebildet hat und dementsprechend das erste Bild selbst geschaffen hat, genauso soll die Ikone ein Abbild Christi sein. Das Anschauen der Darstellung soll somit zur Anschauung Gottes führen und durch die Verehrung des Abbildes soll die Anbetung des Urbildes ermöglicht werden. Auch wenn die Ikone an sich nicht göttlich ist, ermöglicht sie durch künstlerischen Ausdruck, als ein Zeichen der vollkommenen himmlischen Welt zu dienen. Das Bild als Träger einer himmlischen Wirklichkeit und Symbol der Transzendenz stellen ein Fenster der Ewigkeit zu uns dar. Durch das sichtbare Bild wird die Liebe und Herrlichkeit Gottes offenbart und der Mensch wird zum Gebet eingeladen. Gleichzeitig ist die Ikone auch ein Ausdruck des menschlichen Gebetes.[6] Die Ikonen stellen eine Form des Gebetes der Augen neben dem Gebet des Wortes und dem Gebet des Geistes dar. Der Ikonenmaler stellt ebenso wie der Liturg im Prozess der Epiphanie nur ein dienendes Werkzeug dar und das Erschaffen des Werkes ist an sich ein gottesdienstlicher Akt, der traditionell eng mit Gebet, Buße und Fasten gekoppelt ist.[7] Diese Gleichwertigkeit und Verständnis der Ikone als Wort Gottes in Bildform zeigt sich auch in der Bezeichnung des Schöpfungsprozesses, denn Ikonen werden nicht gemalt, sondern geschrieben. In einem gemalten Werk drückt sich der Künstler selbst aus, dies ist aber nicht das

---

[5] Oeldemann, J. (2006). *Die Kirchen des christlichen Ostens.* Pustet. S.161

[6] Vgl. Groen, B. & Gastgeber, C. (2012). *Die Liturgie der Ostkirche.* Herder. S.75

[7] Vgl. Fischer, H. (2005). *Von Jesus zur Christusikone.* Imhof. S.119f

Ziel des Ikonenschreibens. Es ist kein Mittel der Selbstverwirklichung oder zum Erlangen künstlerischen Ruhmes, daher werden die Bilder auch oft nicht durch ihren Erschaffer signiert. Die Arbeit wird zum Lob und zur Vergegenwärtigung Gottes geleistet. Der Ikonenmaler bzw. -schreiber muss somit auch glauben, denn egal welche künstlerische oder technische Fähigkeit demonstriert wird, so ist die Ikone auch ein Zeugnis, ein persönliches Glaubensbekenntnis, ohne dies ist es nur ein Bild. Auch stellen Ikonen im privaten Umfeld keine Dekoration dar, sondern repräsentieren die Anwesenheit des Göttlichen und Heiligen im häuslichen Leben. Damit hängen auch weitere Maßgaben zusammen, welche die Ikone von anderer christlicher Kunst abheben. Ikonen können in Mosaiktechnik hergestellt, in Metall gegossen, aus Marmor in Intarsientechnik gearbeitet, aus Elfenbein, Stein oder gefertigt, als Teppich gewebt oder als Fresko oder auf Holz gemalt werden.[8] Die Einschränkung ist, dass sie nicht vollkörperlich, also rund-plastisch sein darf. Im Gegensatz zu der antiken, römischen und griechischen Vorstellung, nach welcher Götter menschengestaltartig und zu unserer Welt gehörig sind, ist Gott kein manifestiertes, übermächtiges Wesen unserer Welt. Gott steht als Schöpfer dem Irdischen entgegen und ist daher in keiner Form in seiner Gesamtheit fassbar oder abbildbar. Die Ikone verzichtet daher bewusst auf die Dimension der räumlichen Tiefe, denn sie bildet eben keinen weltlichen Gegenstand dar, sondern stellt einen Verweis auf eine nicht- weltliche Realität dar. Die Ikone soll nicht Gefahr laufen, als ein Eigenleben als Kunstobjekt zu entwickeln und sich ihrem Wesen zu entfremden, denn ihre Aufgabe ist es nur als Verweis auf das dahinterliegende Höhere zu dienen.

Hilfreich, um die historische Bildbedeutung der Orthodoxie zu verstehen, ist es, den beeinflussenden philosophischen Hintergrund zu betrachten. Diese ist beeinflusst von einem weitergeführten neuplatonischen Denken in christianisierter Form: „Die diesseitige vergängliche Welt ist eine Emanation des Einen (Plotin), der vollkommenen und ewigen Welt und sie verweist auf diese."[9] Dieser unterschiedliche philosophische Hintergrund und das daraus resultierende Bildverständnis zeigte sich bereits in der Niederschrift der Konzilsbeschlüsse des 2. Konzils von Nicäa, welches das 7. ökumenische Konzil und damit das letzte, das Ost- und Westkirchen gemeinsam anerkennen, darstellt. Hier wurde der Begriff Eikon mit dem lateinischen Imago übersetzt. Der lateinische Westen sprach somit von Imago und entwickelte nicht die Bildtheorie und Bildtheologie des Ostens.

---

[8] Vgl. Fischer, H. (2005). *Von Jesus zur Christusikone*. Imhof. S.121

[9] Groen, B. & Gastgeber, C. (2012). *Die Liturgie der Ostkirche*. Herder. S.78

Durch die Ikonen im Alltag des orthodoxen Christen ist die Form des Zugangs zu Bildtheologie der orthodoxen Christen ein weitaus anders Entwickeltes. Anders als westliche Christen, welche sich die Ikone kognitiv erschließen müssen, wachsen Orthodoxe mit ihr auf. Die Praxis der Verehrung wird bereits in der Kindheit im Alltag bei den Erwachsenen erlebt und imitiert. Es entsteht ein weitaus emotionaleres Verhältnis zur Ikone. Somit ist es für uns schwer, die Gefühls- und Denkwelt eines Christenmenschen nachzuvollziehen, der eben mit der Praxis der Ikonenverehrung aufgewachsen ist. Gleichsam ist in umgekehrter Rolle schwer, diese emotionale Bindung außen vor zu lassen und die Rolle des westlichen Christen zu verstehen. Es sind verschiedenen Zugangspunkte und unterschiedliche Formen des theologischen Erschließens.

4. Liturgische Funktion der Ikone

Ein Zusammenhang in der Liturgie besteht zwischen Ikone und Eucharistie. Die Ikone interpretiert den Inhalt der Eucharistie, das Geheimnis der Erlösung der Welt in Christo.[10] Die Ordnung im Kirchenraum ist auf eine Beziehung der Ikonen zum Altar und eucharistischen Geschehen hin ausgelegt. Sie dienen auch der mentalen Ausrichtungen auf die Eucharistie und Kommunion.

Auch die zuvor erwähnte Ikonostase dient in einer gewissen Form dieser Idee des Sichtbarmachens. Sie stellt keine Grenze innerhalb der Gläubigen dar, beispielsweise zwischen Gemeinde und Priester, sondern trennt symbolisch Himmel und Erde. Das Kirchenschiff ist der Versammlungsort der irdischen Kirche, der Altarraum ist der Gegenwartsort der himmlischen Kirche. Die Ikonostase stellt sowohl Grenze als auch Verbindung zwischen beiden Welten dar. Durch die Bilderwand wird die unsichtbare himmlische Kirche für den Menschen sichtbar und die Sehnsucht nach dem dargestellten Heil wecken. Die Ikonostase verfügt, um dieses Heil zugänglich zu machen, über drei Türen zur Verbindung irdischer und himmlischer Kirche. Durch diese Türen kommen beim Kleinen Einzug das Wort Gottes und beim Großen Einzug die eucharistischen Gaben zu der Gemeinde. Der Priester bzw. Diakon spricht vor der mittleren, der sogenannten Königlichen Pforte die Ektenien, ein sich immer wiederholendes Bittgebet. Dieses Gebet stellt eine Form eines unaufhörlichen Anklopfens dar, mit dem die Gläubigen um Zugang zur himmlischen Kirche bitten. Die Ikonostase will somit die Gläubigen nicht ausschließen, sondern zum Streben nach dem Heil hinführen. An Ostern wird dieser Wunsch

---

[10] Vgl. Bosse-Huber, P. & Illert, M. (2017). *Das Bild Christi in der orthodoxen und der evangelischen Frömmigkeit: XVI. Begegnung im bilateralen theologischen Dialog zwischen der EKD und dem Ökumenischen Patriarchat.* Evangelische Verlagsanstalt. S.160

erfüllt und alle Tore der Ikonostase werden für eine Woche geöffnet. Die Auferstehung Christi hebt die Grenzlinie zwischen dem Himmlischen und Irdischem auf. Die Ikonostase soll in den Gläubigen das Verlangen wecken, die Grenze zu überschreiten und dienen durch die Betrachtung und Verehrung des Abbildes wiederum dem Ziel, die Anschauung Gottes und Anbetung des Urbildes zu ermöglichen. Um dieses Streben nach dem Himmlischen zu verstehen, welches einen Grundzug orthodoxer Spiritualität darstellt und die sich ebenso in der Ikonenverehrung zeigt, muss auch die ostkirchliche Ausprägung der Soteriologie, der Erlösungslehre betrachtet werden. Die Theosis, der Gedanke der Vergöttlichung steht in einem unlösbaren Zusammenhang mit der Menschwerdung Gottes. Das zentrale Axiom der patristischen Soteriologie lautet: Gott wurde Mensch, damit der Mensch vergöttlicht werde.[11] Die Erlösung wird mit den Formulierungen, Gemeinschaft mit Gott oder Anteilhabe an der göttlichen Natur umschrieben. Das Streben nach der Gemeinschaft mit Gott findet seinen Höhepunkt hier in der Liturgie. So wie die Ikonenverehrung ist auch das persönliche Gebet hier eingebettet. Es wird vor der Ikone eine Kerze angezündet und der abgebildete Heilige wird um Fürsprache bei persönlichen Sorgen und Nöten gebeten. Durch die Befreiung des Menschen aus dem Irdischen und die Ausrichtung auf das Himmlische wird das Ziel der Vergöttlichung angestrebt, welche nach orthodoxem Verständnis das Ziel des Lebens ist. Das Heilsgeschehen wird in der Ostkirche nicht als für Menschen und innerhalb der menschlichen Gemeinschaft vollziehendes Ereignis, sondern als kosmische universale Entwicklung verstanden.[12] Auch sind die Ikonen Zeugen der Gemeinschaftlichkeit, welche die eigene Form der Beziehung der Gläubigen, zu der abgebildeten Person ausdrücken. Sie sind ein Ausdruck relationaler Theologie. Durch die Ehrung der Ikonen entsteht eine Beziehung mit der abgebildeten Person oder dem abgebildeten Geschehen, was wiederum zu einer neuen Beziehung zu Mitmenschen und Welt führt. Im Kirchenraum ist die gläubige Person umgeben von Ikonen, welche auf die abgebildete Person hinweisen, sie aber gleichzeitig gegenwärtig machen. Es entsteht eine Gemeinschaft präsenter Personen, wo die Dimensionen der Vergangenheit, Gegenwart und Zukunft in eine lebendige Gleichzeitigkeit transformiert sind.[13] Der Heilige, der eigentlich fern ist, wird wahrhaft Teil der Gemeinschaft. Der Kirchenraum der orthodoxen Kirchen wirkt nicht zufällig häuslich, da sich die Gläubigen aufgehoben fühlen, denn sie sind Kinder im väterlichen Haus. Die kommunitäre Identität des orthodoxen Christentums zeigt sich in einer Kultur der

---

[11] Vgl. Oeldemann, J. (2006). *Die Kirchen des christlichen Ostens*. Pustet. S.166

[12] Vgl. Benz, E. (1966). Die russische Kirche und das abendländische Christentum. Nymphenburger, München S.108f

[13] Vgl. Bosse-Huber, P. & Illert, M. (2017). *Das Bild Christi in der orthodoxen und der evangelischen Frömmigkeit: XVI. Begegnung im bilateralen theologischen Dialog zwischen der EKD und dem Ökumenischen Patriarchat*. Evangelische Verlagsanstalt. S.161

Person. Das ganze Leben stellt eine Liturgie dar, welche sich in einer gemeinsamen Freiheit ausdrückt, die sich in der Existenz in interpersonalen Beziehungen als Freiheit für den Anderen ausdrückt. Die ist das Verständnis christlicher Liebe. Dies stellt einen Unterschied zu dem reformatorischen Christentum dar. Eine Kritik ist hier, dass das der Fokus der westlichen Kirchen auf dem ersten Teil der lutherischen Vorstellung der Freiheit des Christenmenschen liege: Ein Christenmensch ist ein freier Herr über alle Dinge und niemand untertan. Hier tendiert das westliche Christentum zu einem individualistischen Menschenverständnis. Der Fokus eines orthodoxen Christen lässt sich besser mit dem zweiten Teil der lutherischen Freiheitsformel beschreiben: Ein Christenmensch ist dienstbarer Knecht aller Dinge und jedermann untertan. In der Selbstüberwindung und nicht in der Selbstfokussierung zeigt sich für die Orthodoxie die Liebe gegenüber Gott und seinem Nächsten. Dies ist auch ein Ausdruck des zuvor erwähnten Heilsuniversalismus, welcher die Frage nach die individuellen Heilsgewissheit, welche sich westliche Christen stellen, gar nicht aufkommen lässt.

5. **Anthropologischer Sinn der Ikone**

Die Ikone beinhaltet und deklariert die wichtigsten anthropologischen Prinzipien der Orthodoxie. Die Ikone vermittelt eine Botschaft der Askese als Grundwert christlichen Lebens. Askese darf hier nicht als Ablehnung der Welt, des Lebens, Leibes oder der Freude verstanden werden. Sie stellt eine Überwindung der Affekte, des Egozentrismus dar. Sie ist eine freiwillige Einschränkung des eigenen Willens, der Verzicht aus der Freiheit heraus verzichten zu können, entstehend aus einer inneren Kraft und Liebe. Askese ist in der Orthodoxie der unendliche Kampf gegen den Totalitarismus des Egos, die ständige Selbstüberwindung. Diese Einstellung, welche ein Gegenbild zu unserer anti-asketischen gesellschaftlichen Konsumkultur darstellt, wird in der Ikone verkörpert. Die Person wird einfach und ernst abgebildet. Das Werk ist kein rezipientenorientiertes Konsumgut, sondern stellt einen Verweis auf das nicht weltliche, auf das kommende Reich Gottes dar. So ist die orthodoxe Askese mit dem eucharistischen und liturgischen Leben verbunden. Der Asket macht im Sinne der Eucharistie insofern Gebrauch von der Welt, als dass er nicht als Herr, sondern als Priester der Schöpfung auftritt. So ist dies auch eine Gegenposition zu einer Gesellschaft dar deren, Kern, der technische Fortschritt, die ökonomische Optimierung, die Effizienz und die Ausbeutung aller verfügbaren Ressourcen ist. Die Ikone ist hier das Sinnbild des Öffnens gegenüber einem höheren Sinn. Ihre Botschaft ist, trotz der Realität der Sünde eine Botschaft der Freude. Es ist die Gewissheit der Botschaft, der Befreiung und des Weges der Auferstehung durch das Kreuz. Einige orthodoxe Ikonen spiegeln dieses Christunverständnis in der Darstellung Christi als Siegender oder Betender, teils als jugendlichen, bartlosen Guten Hirten, wider. Die Ehrung der Ikone ist in der Ostkirche ähnlich der Verehrung des Kreuzes. Genau hier kann die Frage nach der Positionierung der evangelischen Christen gestellt werden? Bleibt die Ikone ein östliches Phänomen oder wäre es angebracht, sich, aufgrund einer neuen Bildorientierung der letzten Dekaden mit der Frage nach einer neuen Bildlichkeit des Glaubensausdruckes auseinanderzusetzen?

6. Diskussion der evangelischen Position zu Bild- und Wortorientierung

Für eine evangelische Glaubenspraxis, welche das hörende und durch das Hören Glauben weckende Wort betont, wirken diese Darstellung und speziell die tiefe spirituelle Bedeutung dieser Darstellungen erst einmal fremdartig. Auch wenn zu der Fragestellung der Bilder bis zum heutigen Tage unter reformierten keine Konkordie gefunden wurde und eine für die Erlangung des Heils nicht irrelevante Frage darstellt, ist die Bildlosigkeit quasi ein Konfessionsmerkmal geworden.[14] Für Lutheraner sind Bilder Adiaphora, haben daher keine konfessionelle Relevanz. Die Betonung liegt bei beiden auf den Worten der Heiligen Schrift und denen der Predigt, da nur das Wort die Macht für das Öffnen des Herzens dem Heiligen Geist gegenüber hat. Das Bild ist höchstens ambivalent, stets auf das Wort rückgebunden, während das Wort nicht auf das Bild angewiesen ist. Diskussionswürdig ist diese Perspektive vor allem unter Betrachtung der digitalen Revolution der letzten Dekaden, welche insofern mit dem Buchdruck verglichen werden kann, da nun das bildliche Medium in vorher nicht gekannter Weise im öffentlichen Raum präsent ist. Obwohl das Bild der Schrift in unserer Gesellschaft beginnt, in er Wissensvermittlung die führende Rolle abzunehmen, vertreten viele evangelische Strömungen einen modernen philosophischen Ikonoklasmus, der sich im Geiste der linguistischen Wende des Richard Rotry zu bewegen scheint. Es wird die Philosophie vertreten, dass alles Menschliche durch die Sprache strukturiert wird. Ein Gegner dieser Einstellung ist der Basler Kunsthistoriker Gottfried Böhm, welcher von einer gesellschaftlichen ikonischen Wende spricht, einer Entwicklung hin zu einer zunehmend postskriptualen Gesellschaft. Er fordert den Logoscharakter und das Deiktische des Bildes als dem des Wortes gleichwertig anzuerkennen und das Bild als sinnstiftendes und erkenntnisproduzierendes

---

[14] Vgl. Bosse-Huber, P. & Illert, M. (2017). *Das Bild Christi in der orthodoxen und der evangelischen Frömmigkeit: XVI. Begegnung im bilateralen theologischen Dialog zwischen der EKD und dem Ökumenischen Patriarchat.* Evangelische Verlagsanstalt. S.92

Medium zu nutzen.[15] Ein weiterer moderner Ikonodule ist Hans Belting. Er kritisiert das der Dualismus von Geist und Materie, von Subjekt und Welt zu einem abstrakten Gottesbegriff führe, welche zu einer Entfremdung des Subjektes von der Welt führe.[16] Er gesteht der reformatorischen Bildkritik aber zu, dass sie durch ihre Ablehnung des Bildes als Ort göttlicher Präsenz indirekt zu einem Erblühen der neuzeitlichen Kunst führte. Diese war nun rezipientenorientiert und stellte teils auch religiöse Szenen dar, die aus einer evangelischen Perspektive aber an sich keine Verehrungswürdigkeit aufweisen. Dennoch hat beispielsweise der reformierte Theologe Schleiermacher in seiner dritten Rede -Über die Religionen- geäußert, dass durch besondere Kunstwerke sich dem Betrachter religiöse Offenbarungsdimensionen eröffnen können.[17]

Die eher ablehnende Tendenz der evangelischen Christen gegenüber bildlicher Darstellung ist eine historisch gewachsene und durch verschiedene Strömung begründete. Die Kritik an der Heiligen-, Reliquien- und Bilderverehrung begann schon vor der Reformation wie beispielsweise bei Erasmus von Rotterdam. Er trat bereits als Verfechter des geschriebenen Wortes auf und sah in der Verehrung solcher Objekte abergläubische Praxis, welche nur dazu diente, mit den Gläubigen Geld zu machen. Er plädierte für ein christliches Nachleben der Tugenden des Evangeliums und sah auch Bilder kritisch, denn kein materielles Bild kann Christi gerecht werden, und nur das Wort als höchste Wahrheit kann das vollkommene Abbild des Geistes Christi darstellen. Er war kein Bilderstürmer, welcher alle bildlichen Darstellungen zerstören wollte, trat aber für einen reflektieren und aufgeklärten Umgang mit diesen ein. Es sollte alles, was Christi nicht würdig ist und vom Wort und Geist der Heiligen Schrift ablenken, entfernt werden. Die reformatorische Bildkritik begann mit dem Wittenberger Theologieprofessor Andreas Bodenstein, genannt Doktor Karlstadt. Er übernahm zwar teilweise vorreformatorische Kritik wie die des Erasmus, brachte aber als Hauptargument das Götzenverbot des Alten Testamentes vor. Er sah in ihnen einen Götzendienst und ließ auch das Argument der Unterscheidung zwischen Verehrung und Anbetung ließ er nicht gelten. Er widersprach auch dem Argument, dass die Bilder den Inhalt der Heiligen Schrift an Leseunkundige vermitteln. Er sah die Seligkeit verbunden mit dem Hören des lebendigen

---

[15] Vgl. Bosse-Huber, P. & Illert, M. (2017). *Das Bild Christi in der orthodoxen und der evangelischen Frömmigkeit: XVI. Begegnung im bilateralen theologischen Dialog zwischen der EKD und dem Ökumenischen Patriarchat.* Evangelische Verlagsanstalt. S.93

[16] Vgl. Bosse-Huber, P. & Illert, M. (2017). *Das Bild Christi in der orthodoxen und der evangelischen Frömmigkeit: XVI. Begegnung im bilateralen theologischen Dialog zwischen der EKD und dem Ökumenischen Patriarchat.* Evangelische Verlagsanstalt. S.94

[17] Vgl. Bosse-Huber, P. & Illert, M. (2017). *Das Bild Christi in der orthodoxen und der evangelischen Frömmigkeit: XVI. Begegnung im bilateralen theologischen Dialog zwischen der EKD und dem Ökumenischen Patriarchat.* Evangelische Verlagsanstalt. S.95

Wortes Christi. Er sah als einzig legitime Form der Verehrung im Geist und die Zerstörung der Bilder für biblisch Geboten. Da Christus gekommen ist, um das Gesetz zu bestätigen und zu erfüllen, könne es nicht sein, dass manche argumentieren, dass dieses Gebot nicht für Christen gelte. Für ihn war dies in Konsequenz eine Infragestellung des gesamten Dekaloges und geradezu ketzerisch. In der Schweiz war der Reformator Ulrich Zwingli ein Gegner der Bilder. Dieser war zwar weniger radikal als sein Anhänger Ludwig Hetzer, welcher sich den zuvor erwähnten Wittenberger Argumenten bediente, teilte aber die strikte Ablehnung jedweder Bilder in den Kirchen. Er lehnte aber die bilderstürmerischen Aktionen, welche in der Schweiz stattfanden ab, sondern zielte auf eine geordnete Entfernung der Werke hin. Er lehnte die Bilder nicht universell ab, nur dort in jedweder Form, wo sie als Götzen verehrt werden. Im März 1522 äußerte sich Luther nun erstmalig zu der Frage des zukünftigen Umgangs mit den Bildern. Für ihn waren die Bilder nicht notwendige Dinge und somit frei, also Adiaphora. Damit stellte er sich gegen die Position Karlstadts und Zwinglis, da diese die Freiheit einschränken würden. Er betrachtete bildliche Darstellungen zwar mit einem grundsätzlichen Misstrauen, da er in ihnen eine große Gefahr des Missbrauchs sah, gestand ihnen aber zu, dass sie auch von wenigen richtig gebraucht werden können. Vor allem Wandbildern und Illustrationen nahm er teils als nützliche Mittel zur Vermittlung von Glaubensinhalten war, sieht Wort und Bild aber bei Weitem nicht als gleichwertig. Für ihn ist das Reich Christi ein Reich des Hörens und nicht des Sehens. Abzulehnen sein nicht die Bilder, sondern der Götzendienst, der Hoffnung und Zuversicht weg von der Rechtfertigung allein durch Gnade hin auf eigene Werke, Verdienste oder äußere Bilder lenke. Bilder sind nicht heilsnotwendig, sondern allein der Glaube, der durch die Annahme des Wortes des Evangeliums entsteht.

Die frühen Kritiker und Reformatoren standen den Bildern absolut bis zumindest mäßig ablehnend gegenüber und brachten dafür auch diverse Argumente auf. Ob diese Bildlosigkeit jedoch gleichsam wie im 15. und 16. Jahrhundert begründet werden kann, ist diskussionswürdig. Speziell unter dem Aspekt der neuen Bildorientierung einer multimedialen Gesellschaft kann dies neu betrachtet werden. Die Undarstellbarkeit des göttlichen wird sowohl von evangelischen als auch orthodoxen Christen akzeptiert, wird aber unterschiedlich verstanden. Für die Orthodoxie stellen die Ikonen einen Verweis auf das Göttliche dar und sind nur eine andere Form der Vermittlung des göttlichen Wortes neben der Schrift. Ob sich unter den evangelischen Christen eine neue Öffnung der Idee der Ikone, zumindest in Form einer Würdigung der orthodoxen theologischen Argumentation, ist wünschenswert. Auch wenn die

Ikone für ein evangelisches Verständnis vermutlich nie gleichwertig der Schrift und des Wortes angesehen wird, kann sie zu einer neuen Beziehung zur Bildlichkeit führen.

7. Literaturliste:

Benz, E. (1966). Die russische Kirche und das abendländische Christentum. Nymphenburger, München

Bosse-Huber, P. & Illert, M. (2017). *Das Bild Christi in der orthodoxen und der evangelischen Frömmigkeit: XVI. Begegnung im bilateralen theologischen Dialog zwischen der EKD und dem Ökumenischen Patriarchat.* Evangelische Verlagsanstalt.

Fischer, H. (2005). *Von Jesus zur Christusikone*

Groen, B. & Gastgeber, C. (2012). *Die Liturgie der Ostkirche.* Herder.

Oeldemann, J. (2006). *Die Kirchen des christlichen Ostens.* Pustet.

8. Anhang:

Abb.1 - Das nicht von Menschenhand geschaffene Bild Christi (Acheiropoieton) Moskau, Holz, 31 x 23 cm Ehem. Staatliche Museen Berlin, Inv.-Nr. 9640 (Quelle: Wikipedia – Gemeinfrei; https://de.wikipedia.org/wiki/Datei:Ikonenkalender_1973-08.png)

Abb. 2 – Jesus Christ Pantocrator Hagia Sophia (Quelle: Wikimedia Commons -Dianelos Georgoudis CC 3.0,
https://upload.wikimedia.org/wikipedia/commons/thumb/a/a2/Christ_Pantocrator_Deesis_mo saic_Hagia_Sophia.jpg/800px-Christ_Pantocrator_Deesis_mosaic_Hagia_Sophia.jpg)

Abb.3 - Andrei Rubljow - The Yorck Project (2002) 10.000 Meisterwerke der Malerei (Quelle: Wikipedia – Gemeinfrei,
https://de.wikipedia.org/wiki/Datei:Andrej_Rubl%C3%ABv_001.jpg)